CATALOGUE

DE

TABLEAUX

ANCIENS ET MODERNES

DESSINS, PASTELS, AQUARELLES, MINIATURES

Gravures anciennes et modernes, Eaux-fortes, Lithographies
Albums japonais

OBJETS DE CURIOSITÉ

Montre à répétition, Ivoires et Bois sculptés
Marbres, Bronzes, Pendules, Faïences et Porcelaines
Armes, Étoffes, Glaces

MEUBLES ET SIÈGES ANCIENS ET MODERNES

Tapisseries

DONT LA VENTE AURA LIEU

HOTEL DROUOT, SALLE N° 10

Les Vendredi 17 et Samedi 18 Novembre 1893

A DEUX HEURES

Mᵉ G. DUCHESNE	M. S. MAYER
COMMISSAIRE-PRISEUR	EXPERT
6, rue de Hanovre, 6	5, rue Laffitte, 5

EXPOSITION PUBLIQUE

Le Jeudi 16 Novembre 1893, de 1 heure 1/2 à 5 heures 1/2

CONDITIONS DE LA VENTE

La vente sera faite expressément au comptant.

Les Acquéreurs paieront, en sus des adjudications, CINQ POUR CENT, applicables aux frais de la vente.

L'exposition mettant le public à même de se rendre compte de l'état des objets, il ne sera admis aucune réclamation une fois l'adjudication prononcée.

Imprimerie de l'Art, E. Moreau et Cie. 41, rue de la Victoire.

DÉSIGNATION DES OBJETS

TABLEAUX

1 — **Bance (Albert)**. Vache au pâturage.

2 — **Baugnies**. Intérieur oriental; la partie d'échecs.

3 — **Baugnies**. La Marchande de fleurs, femme orientale.

4 — **Baugnies**. Types de mendiants. Deux tableaux.

5 — **Baugnies**. Trois études : jeune garçon et jeunes filles.

6 — **Baugnies** (E.). La Fuite en Égypte.

7 — **Baugnies**. Figure d'Oriental.

8 — **Baugnies.** La Danse; intérieur de harem.

9 — **Baugnies.** Bouquet de roses et Vase de pivoines. Deux tableaux.

10 — **Baugnies.** Étude de plafond.

11 — **Baugnies.** Études diverses.

12 — **Beers (Van).** Paysage. Bords de rivière.

13 — **Bertrand.** Oiseaux morts.

14 — **Boggs.** Quai à Honfleur.

15 — **Brest (F.).** Une Rue à Venise.

16 — **Bertin.** Paysage avec rivière, animé de figures.

17 — **Bruandet.** Entrée de forêt avec figures.

18 — **Philippe de Champaigne. (École de).** Portrait d'homme.

19 — **Chardin (Gabriel).** Paysage; charrette sur une route.

20 — **Chardin (S.).** Portrait de Vaucanson.

21 — **Cicéri.** Vue des Invalides.

22 — **Cornu (J.).** Paysage; le Puits.

23 — **Dominiquin** (genre du). La Prière. Buste de femme. Cadre bois sculpté.

24 — **Dolci** (genre de **Carlo**). Le Christ.

25 — **Du Jardin** (d'après **Karel**). Le Charlatan.

26 — **Duvaux** (**Jules**). Convoi escorté par des troupes ; souvenir de l'Italie méridionale.

27 — **École ancienne.** L'Adoration des bergers.

27 *bis* — **École flamande.** Beau Portrait d'homme.

27 *ter* — **École flamande.** Beau Portrait d'homme.

28 — **École flamande.** Le Triomphe d'Amphitrite. Important tableau, signé d'un curieux monogramme.

29 — **École française.** Jeunes Femmes recevant les présents d'un jardinier. Dessus de porte.

30 — **École française.** Vénus sur un lit de repos, tenant une guirlande de fleurs.

31 — **École française** (**1812**). Paysage avec figures.

32 — **École hollandaise.** Beau portrait d'homme. Cadre bois sculpté.

33 — **École hollandaise**. Paysage avec figures
de cavaliers.

34 — **École italienne**. La Vierge, saint Joseph
et l'Enfant Jésus.

35 — **École italienne**. Portrait d'une reine
tenant son sceptre. Cadre bois sculpté.

36 — **École italienne**. Insectes et champignons.

37 — **École moderne**. Amours tenant une cor-
beille de fleurs. Panneau décoratif.

38 — **Gelibert**. Chiens de chasse.

39 — **Gil (A.)**. La Route de Monaco.

40 — **Girardet (Karl)**. Paysage montagneux.

41 — **Gironde (B. de)**. Femme grecque. Étude.

42 — **Goerner**. Portrait de petite fille.

43 — **Granet**. Entrée d'église.

44 — **Gresly (Georges)**. Trompe-l'œil. Repro-
duction de la gravure de Larmessin : *L'Enfant prodigue, dans la plus grande misère*.

45 — **Gribier (Paul)**. La Jetée à marée basse.

46 — **Gudin (Th.)**. Falaises.

47 — **Gudin (H.)**. Tempête.

47 *bis* — **Hareux**. Bouquet de violettes.

48 — **Horemans**. Portrait d'un prêtre dans son cabinet de travail.

49 — **Hugo d'Alesi (F.)**. Le Courrier impérial, Paysage russe. Effet d'hiver.

50 — **Hyon**. Scènes militaires. Deux pendants.

51 — **Inconnu**. Saint Joseph et l'Enfant Jésus.

52 — **Jadin (E.)**. Vase de fleurs.

53 — **Knip**. Paysage avec volatiles.

54 — **Lallemant**. Paysage avec rivière, animé de figures.

55 — **Largillière** (Genre de). Portrait de femme. Cadre en bois sculpté.

56 — **Marcotte de Quivières**. Marine.

57-59 — **Martin** (Hugues). Sept études de paysages.

60 — **Mols (Robert)**. Entrée d'un port sur la mer du Nord.

61 — **Ortmans (F. A.)**. Vaches au pâturage.

62 — **Oudry** (D'après). Chasse au loup.

63 — **Papeleu (V. de)**. Paysage ; soleil couchant.

64 — **Pils (I.)**. Soldat dans la tranchée.

65 — **Poisson**. Deux vues d'Espagne.

66 — **Richet (L.)**. Jeune Dame dans un parc.

67 — **Rigaud**. Tête d'homme.

68 — **Roll**. Étude d'homme, vu de dos.

69 — **Roqueplan**. La Dame blanche.

70 — **Rouby**. Coucher du soleil sur l'Ariège.

71 — **Sauvage** (Genre de). Le Jugement de Pâris ; Bacchanale. Deux dessus de portes.

72 — **Sieurac**. La Conversation.

73 — **Tiepolo** (Attribué à). Combat de l'ange et du démon. La Chute aux Enfers. Deux peintures en grisaille.

74 — **Tischbein (Jean - Henri - Guillaume)**. Danaé.

75 — **Voillemot**. Rosine à son balcon.

76 — **École américaine**. Sujet allégorique.

77 — **École américaine**. Étude de tigre.

78 — Environ quarante tableaux non catalogués.

DESSINS

---

79 — **Audy**. Chevaux de course. Trois aquarelles.

80 — **Besnard**. Jeune Femme rêveuse. Pastel.

81 — **Bellangé (H.)**. Les Derniers Moments d'un général. Dessin.

82 — **Boulanger (Gustave)**. Étude de femmes. Dessin à la sanguine.

83 — **Dupré (Jules)**. Jeune Paysanne. Dessin.

84 — **École française**. Une Fête au camp. Au premier plan à droite, des soldats assis sous des tentes boivent et chantent, tandis qu'un

sergent racoleur essaie de recruter un villageois ; à gauche, des groupes de personnages au bord d'une rivière qui coule au pied d'un monument en ruines ; au milieu, une fête champêtre animée d'une foule de personnages et, dans le fond à droite, on aperçoit les tentes du camp. Jolie gouache.

85 — **École française.** Choc de cavalerie et Marche d'armée. Deux dessins à la sépia, du commencement du siècle.

85 *bis* — **École française.** Portrait du temps de Louis XV. Pastel.

86 — **École française.** Têtes de jeunes filles. Deux pastels.

87 — **École française.** L'Éducation du petit chien. Gouache.

88 — Trois miniatures : Portraits d'hommes.

89 — Miniature ovale : Portrait de femme.

90 — Deux petites aquarelles rondes : Combat de cavaliers. Ruines.

91 — **École moderne.** Quinze dessins à la plume : sujets humoristiques dans un même cadre.

92 — **École moderne.** Huit aquarelles par ou attribuées à Bonington, Valette et autres.

93 — **École moderne.** Trente dessins par Justin Ouvrier, Hugues Martin et autres.

94 — **École moderne.** Copies d'après Greuze, Chaplin, etc. Trois aquarelles.

95 — **Finart.** Louis XIV et sa suite. Aquarelle.

96 — **Guyon (Jeanne).** A la campagne. Deux jeunes filles sont entourées par un troupeau d'oies. Aquarelle importante.

97 — **Helleux.** Portrait de femme. Pastel.

98 — **Orselli.** Carnaval de Nice. Aquarelle.

99 — **Palmaroli.** La Préoccupation de Louise. Aquarelle.

100 — **Pernot.** Vues prises en Écosse. Deux dessins.

101 — **Preziozi.** Intérieur oriental. Aquarelle.

102 — **Henri Regnault** (1850). Croquis de soldats.

103 — **Henri Regnault** (1850). Étude de faisan.

104 — **Renouard** (**P.**) Une Loge à Saint-Jean-de-Latran. Dessin.

105 — **Raffet**. Place du Théâtre à Barcelone. Dessin.

106 — **Thevenot**. Portrait de jeune femme en chapeau. Pastel.

107 — **Troyon**. Paysage. Pastel.

108 — Divers dessins non catalogués seront vendus sous ce numéro.

GRAVURES

109 — **Rembrandt**. Son portrait. Le Denier de César. Saint Jérôme en méditation. Trois figures orientales. Le Joueur de cartes. Paysage à la vache qui s'abreuve. Six pièces anciennes et belles épreuves.

110 — **Duplessis-Bertaux**. Les Métiers de Paris. Douze pièces avant la lettre.

111 — **Rajon, Manet, Gill**, etc. Portraits de Baudelaire, Barbey d'Aurevilly, Glatigny, L. Gozlan, etc. Dix eaux-fortes.

112 — **Boilvin**. Eaux-fortes pour Rabelais, sur Chine et avant la lettre, en deux états. Le portrait manque dans l'un des états. En tout, 21 pièces.

113 — **Lerat**, d'après **Meissonier**. La Partie d'échecs. Sur Chine.

114 — **Courtry** et **Lionel Le Couteux**, d'après **Van Marcke**. Deux grandes pièces sur Japon.

115 — **Hervier**. Cinq lithographies.

116 — **Desbrosses**. Paysage; bord de rivière. Eau-forte avec remarque.

117 — **Meryon**. Vue de San Francisco. Eau-forte. Grande pièce en largeur.

118 — **Kratké**. Gravure à l'eau-forte d'après Gustave Moreau. Épreuve avec remarque et signatures autographes.

119 — Quatre gravures à l'eau-forte, d'après Émile Breton, Jules Dupré et Charles Jacques.

120 — Deux gravures par Coqueret, d'après Lethière : Virginius et Junius Brutus.

121 — Gravure par Duplessis-Bertaux, d'après Potain : Premier acte civil de la République d'Athènes.

122 — Seize lithographies, d'après Charlet, Pigalle et autres.

123 — Modèles des tapisseries du roi. Neuf pièces dans un cadre.

124 — Douze gravures : les Ports de mer français, d'après Joseph Vernet.

125 — Gravures anciennes de l'École française.

126 — Plusieurs lots de gravures anciennes et modernes : lithographies, gravures anglaises, gravures sur bois, photographies.

127 — Collection de gravures anciennes de toutes les Écoles.

128 — Dix gravures encadrées.

129 — Plusieurs lots de dessins anciens et modernes et gravures.

130 — Carton de dessins et gravures.

131 — Vie politique et militaire de Napoléon, par Arnault. Deux volumes in-folio avec grandes lithographies.

132 — Cinq albums japonais.

132 *bis* — Lot de catalogues de vente.

OBJETS DE CURIOSITÉ

ET MEUBLES

133 — Belle montre en or avec entourage de petites perles, mouvement à répétition. Le cadran est décoré de deux figures qui frappent la sonnerie sur deux cloches. Elle porte le nom de Bordier, à Genève.

134 — Petit cartel en argent ciselé et émaillé et cristal de roche, style de la Renaissance, avec mouvement de montre à répétition.

135 — Jolie clef en fer ciselé et incrusté d'or. Renaissance.

136 — Christ en ivoire sur croix en bois noir.

137 — Trois pipes montées en argent.

138 — Statuette de femme en ivoire.

138 *bis* — **Rio** (**Alice**). Deux bustes en terre cuite.

139 — Motif en bois sculpté et doré du temps de Louis XVI. Vase de fleurs.

140 — Statuette en bois sculpté ancien : Le Christ à la colonne.

141 — Rouet ancien en bois tourné.

142 — Dix statuettes en bois sculpté.

143 — Deux vases en biscuit de Copeland, décorés de sujets mythologiques.

144 — Deux médaillons bas-reliefs en marbre

blanc sur fond noir : la Vierge et le Christ couronné d'épines.

145 — Dévidoir ancien.

146 — Chenets anciens, flambeaux d'église, samovars en cuivre.

147 — Vingt-huit pièces : vases, potiches, plats, assiettes, saladiers, jardinière en porcelaine et faïence décorées.

148 — Fontaine et son bassin en vieux Rouen, avec son support en bois sculpté.

149 — Soupière oblongue avec plateau et couvercle en porcelaine de Berlin, décor à guirlandes et bouquets de fleurs.

150 — Pendule Louis XVI, en marbre blanc, ornée de bronzes.

151 — Pendule en bronze doré.

152 — Petit lustre en bronze orné de cristaux.

153 — Lanterne Louis XIII en cuivre.

154 — Six pièces en étain : soupière, fontaine et plats Louis XV.

155 — Deux chenets anciens en fer.

156 — Suspension de salle à manger en cuivre poli.

157 — Divers objets en bronze : mortiers, sonnettes, flambeaux.

158 — Paire de chenets en bronze à figures de lions.

159 — Deux sabres japonais.

160 — Six casques prussiens.

161 — Grand buffet à deux corps en chêne sculpté. Style Renaissance.

162 — Table ancienne en bois sculpté.

163 — Table de nuit en acajou Empire.

164 — Canapé en bois laqué blanc recouvert en étoffe grise.

165 — Commode Louis XV ornée de bronzes.

166 — Bahut à dos d'âne à façade sculptée.

167 — Console Louis XVI en acajou.

168 — Fauteuil en bois sculpté, recouvert en étoffe à fleurs en tapisserie sur fond jaune.

169 — Bidet bois peint blanc, cuvette en faïence de Rouen.

MEUBLES

170 — Buffet-crédence en chêne sculpté.

171 — Belle commode en palissandre surmontée d'une glace et de petites armoires d'angle, tiroirs à l'anglaise.

172 — Table ovale en noyer.

173 — Bureau en acajou orné d'incrustation de cuivre. Époque de l'Empire.

174 — Beau lit en bois sculpté blanc et or. Époque Louis XVI.

175 — Meuble forme demi-lune en acajou orné de bronze, époque Empire ; dessus de marbre noir.

176 — Fauteuil Louis XVI en bois sculpté.

177 — Bergère en acajou recouverte en velours frappé vert mousse.

178 — Écran Louis XIV, feuille en tapisserie au point.

179 — Deux consoles en bois doré.

180 — Glace ovale biseautée, cadre en bois sculpté et doré.

181 — Deux glaces de Venise gravées à figures.

182 — Plusieurs anciennes tapisseries verdures. (Seront vendues séparément.)

183 — Tableau de la Savonnerie, représentant le portrait du comte de Paris enfant.

184 — Trois chasubles anciennes.

185 — Divers objets non catalogués.

www.ingramcontent.com/pod-product-compliance
Lightning Source LLC
LaVergne TN
LVHW021902180726
843502LV00008B/2823